그렇게 태어난 책이 바로 <내 생각은 말이지>입니다. 이 책은 단순히 멋진 말을 따라 쓰는 필사책이 아닙니다. 두 개의 명언을 비교하고, 내가 더 공감되는 쪽을 선택해, 내 생각을 적어보는 책입니다. 이 과정을 반복하면서, 더이상 남의 말에 휘둘리지 않고, 내 생각대로 사는 힘을 키울 수 있습니다.

<내 생각은 말이지>는 2023년에 출간된 <내가 알아서 할게>의 개정판입니다. "생각의 시간을 아이에게 주고 싶어 이 책을 샀다"는 한 독자의 후기를 바탕으로, 생각을 찾아가는 여정이 더 잘 담기도록 구성을 리뉴얼하였습니다.

이제는 나의 생각대로 살고 싶지만, 어디서부터 시작해야 할지 막막한 분들께, 내 생각의 첫걸음을 함께해주는 책이 되길 바랍니다.

기획자 정재원

| 목차 |

2   프롤로그
6   <내 생각은 말이지> 사용법

50일 명언 필사

10	DAY 01	다다익선 VS 과유불급
12	DAY 02	용의 꼬리 되기 VS 뱀의 머리 되기
14	DAY 03	행동 먼저하기 VS 생각 먼저하기
16	DAY 04	현실 인정하기 VS 희망 간직하기
18	DAY 05	일관성 지키기 VS 상상력 발휘하기
20	DAY 06	자유에 신중한 편 VS 자유에 끌리는 편
22	DAY 07	겸손하기 VS 자부심 갖기
24	DAY 08	신속하기 VS 신중하기
26	DAY 09	욕망 추구 VS 의미 추구
28	DAY 10	우연에 맡기기 VS 스스로 선택하기
30	DAY 11	앎을 경계하기 VS 앎을 추구하기
32	DAY 12	불굴의 의지 갖기 VS 현명하게 손절하기
34	DAY 13	과거에서 배우기 VS 과거에서 멀어지기
36	DAY 14	기다리기 VS 행동하기
38	DAY 15	상상은 무한한 가능성 VS 상상은 끝없는 걱정
40	DAY 16	J형 인간으로 살기 VS P형 인간으로 살기
42	DAY 17	친구랑 행복하기 VS 혼자서 행복하기
44	DAY 18	나이와 연륜은 비례 VS 나이와 연륜은 별개
46	DAY 19	가족이 전부 VS 가족이 원수
48	DAY 20	성공 지향 VS 과정 지향
50	DAY 21	둥글게 살기 VS 뾰족하게 살기
52	DAY 22	돈 없이는 못 살아 VS 죄 짓고는 못 살아
54	DAY 23	목표에 집중하기 VS 주변을 살피기
56	DAY 24	한 가지 반복 VS 만 가지 시도

58	DAY 25	남 말에 경청하기 VS 내 멋대로 행동하기
60	DAY 26	큰 것을 욕망하기 VS 작은 것에 만족하기
62	DAY 27	개미처럼 살기 VS 베짱이처럼 살기
64	DAY 28	정직해야 행복 VS 정직하면 손해
66	DAY 29	선의를 믿기 VS 무엇이든 의심하기
68	DAY 30	행복을 추구하기 VS 행복에 초연하기
70	DAY 31	최선보다는 성공 VS 성공보다는 최선
72	DAY 32	아는 것이 힘 VS 상상력이 힘
74	DAY 33	좋은 사람 만나기 VS 좋은 사람 되기
76	DAY 34	가능한 것부터 하기 VS 불가능에 도전하기
78	DAY 35	침묵은 금 VS 침묵은 독
80	DAY 36	선천적 재능 VS 후천적 노력
82	DAY 37	모두에게 친절하기 VS 모두를 싫어하기
84	DAY 38	가난함은 죄 VS 부유함은 죄
86	DAY 39	미래는 나 하기 나름 VS 미래는 아무도 모름
88	DAY 40	일하는 게 제일 좋아 VS 노는 게 제일 좋아
90	DAY 41	인간 되기 VS 부자 되기
92	DAY 42	남 먼저 VS 나 먼저
94	DAY 43	낙관주의 VS 비관주의
96	DAY 44	나와 같은 친구 VS 나와 다른 친구
98	DAY 45	균형 지키기 VS 끝장 보기
100	DAY 46	결혼은 잘한 일 VS 결혼은 미친 짓
102	DAY 47	성선설 VS 성악설
104	DAY 48	유종의 미 VS 시작이 반
106	DAY 49	사랑할래 VS 사랑 안 해
108	DAY 50	평판을 관리하기 VS 평판에 신경 끄기
110	50일 리포트	
112	개인정보	

내 생각은 말이지 사용법

<내 생각은 말이지>는 한 가지 주제에 대해 서로 다른 두 개의 명언을 읽고, 그에 대한 내 생각을 정리한 뒤, 선택한 문장을 필사하는 순서로 구성되어 있습니다.

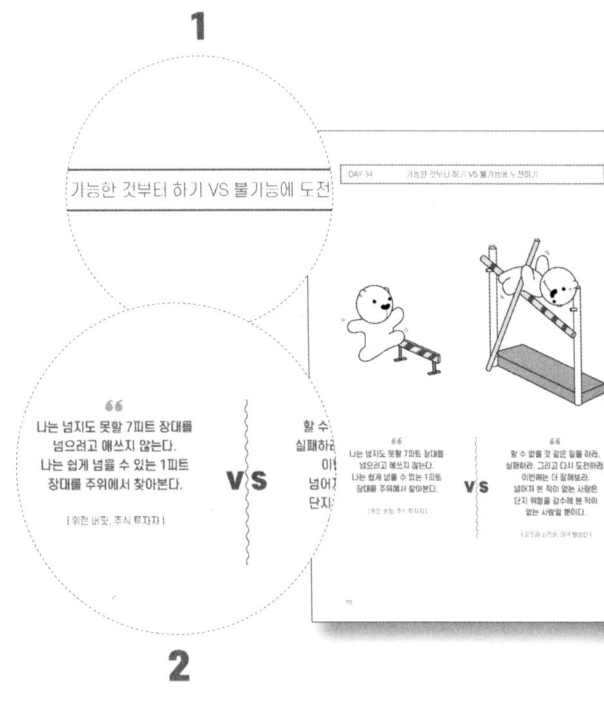

Guide 1 명언 주제를 'A VS B'의 형식으로 적어 두었습니다. 대립하는 두 명언의 핵심 쟁점을 미리 파악할 수 있습니다.

Guide 2 밸런스 게임의 형식으로 제시된 두 명언이 생각을 자극합니다.

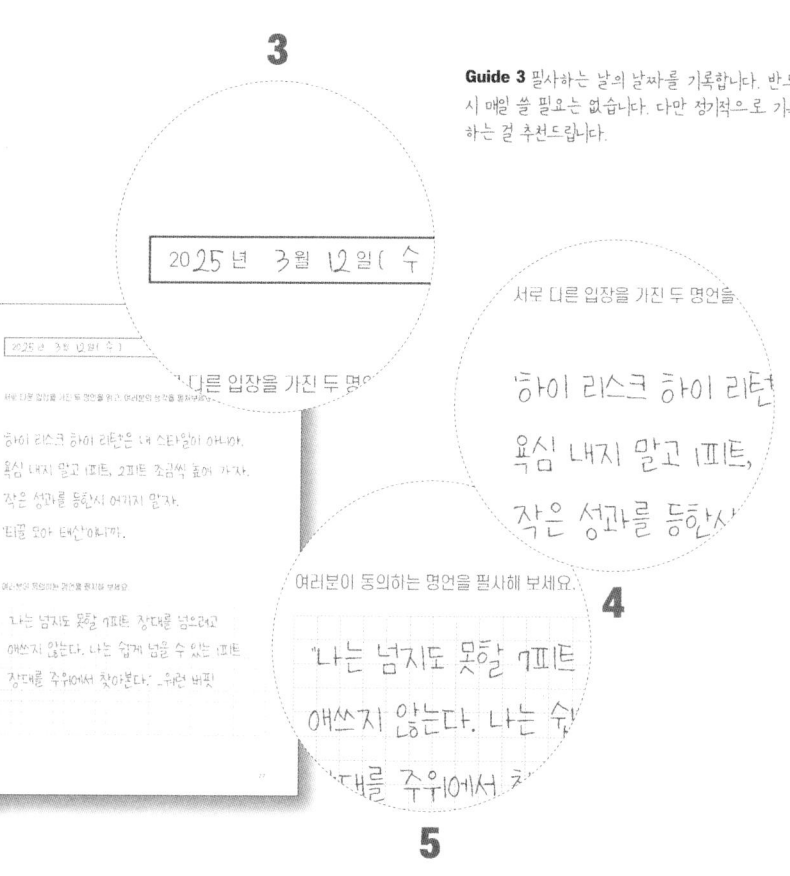

Guide 3 필사하는 날의 날짜를 기록합니다. 반드시 매일 쓸 필요는 없습니다. 다만 정기적으로 기록하는 걸 추천드립니다.

Guide 4 명언을 읽고 들었던 내 생각을 적어봅니다.

Guide 5 앞에 제시된 두 명언 중 동의하는 명언을 선택하여 필사합니다.

50일 리포트 사용법

50일 동안의 기록을 시각화하여 정리하는 코너입니다. 마보곰 스티커를 활용해 리포트를 완성하면, 자신의 생각이 어떤 성향을 띠는지 한눈에 파악할 수 있습니다.

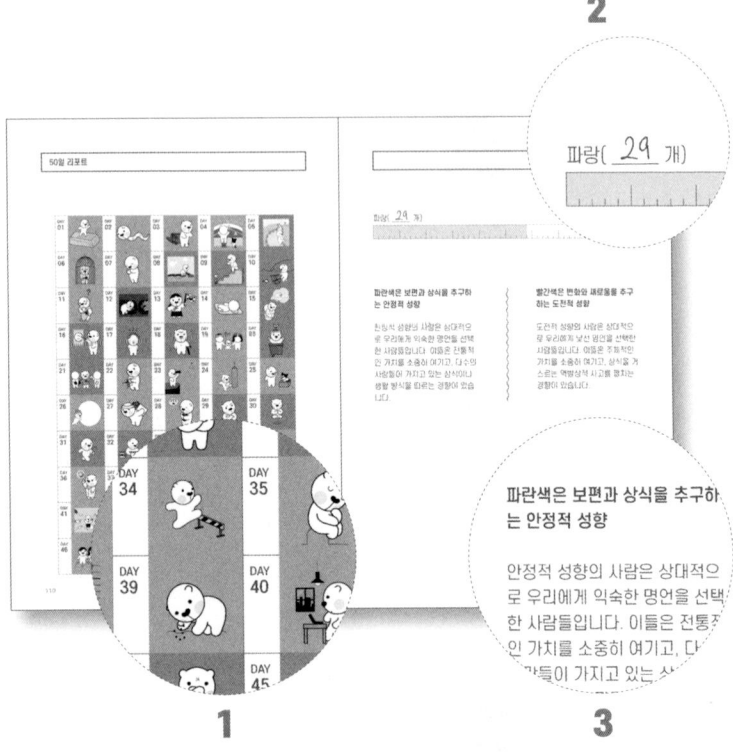

Guide 1 50일의 기록을 한눈에 볼 수 있는 50개의 칸을 제공합니다. 이 칸 안에 내가 필사한 명언에 해당하는 마보곰 일러스트 스티커를 붙입니다.
Guide 2 50개의 칸을 모두 스티커로 채운 후, 파란 스티커와 빨간 스티커의 총 개수를 확인합니다. 해당 수량을 괄호 안에 쓰고, 눈금자에도 빗금으로 표시합니다.
Guide 3 스티커의 색상에 따라 나의 성향을 파악할 수 있습니다. 파랑과 빨강 중 내가 더 많이 선택한 색이 의미하는 바를 제시된 글을 통해 확인해 봅니다.

50일 명언 필사

DAY 01　　　　　　다다익선 VS 과유불급

> **돈 생각을 떨쳐내는 유일한 방법은 돈을 많이 갖는 것이다.**
>
> | 이디스 워튼, 미국 소설가 |

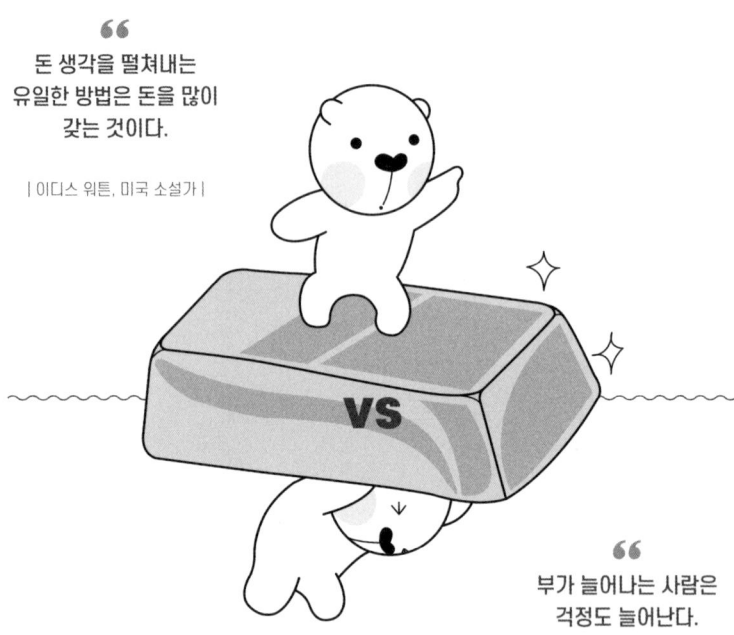

> **부가 늘어나는 사람은 걱정도 늘어난다.**
>
> | 벤자민 프랭클린, 미국 정치인 |

20   년   월   일 (   )

서로 다른 입장을 가진 두 명언을 읽고, 여러분의 생각을 펼쳐보세요.

여러분이 동의하는 명언을 필사해 보세요.

DAY 02　　용의 꼬리 되기 VS 뱀의 머리 되기

> 어느 누구도 이 세상에서 최고의 존재가 된다는 것은 불가능하다. 그렇기 때문에 어느 정도 운명에 대한 체념이 있어야 한다.
>
> | 이솝, 우화 작가 |

> 태양이 될 수 없다면 별이 되어라. 네가 이기고 지는 것은 크기에 달려있지 않다. 무엇이 되든 최고가 되어라.
>
> | 더글라스 맬록, 미국 시인 |

20   년   월   일 (   )

서로 다른 입장을 가진 두 명언을 읽고, 여러분의 생각을 펼쳐보세요.

여러분이 동의하는 명언을 필사해 보세요.

DAY 03   행동 먼저하기 VS 생각 먼저하기

❝
우리가 무엇을 생각하느냐,
무엇을 알고 있느냐,
무엇을 믿고 있느냐는
별로 중요하지 않다.
중요한 것은 결국 무엇을
행동으로 실천하느냐이다.

| 존 러스킨, 예술 평론가 |

❝
멈춰라, 생각하라.

| 슬라보예 지젝, 현대 철학자 |

| 20   년   월   일 (   ) |

서로 다른 입장을 가진 두 명언을 읽고, 여러분의 생각을 펼쳐보세요.

여러분이 동의하는 명언을 필사해 보세요.

DAY 04　　　　현실 인정하기 VS 희망 간직하기

❝
인생은 공평하지 않다.
그러니 그냥 익숙해져라.

| 빌 게이츠, 미국 기업인 |

❝
삶이 공평하지 않다고
말하는 것이 아마도
내 일이겠지만, 당신은 이미
그것을 알고 있을 거라고
생각한다. 그래서 대신에
희망은 소중하고, 당신이
포기하지 않는 것이
옳다고 말하겠다.

| C.J.레드와인, SF 작가 |

20　년　월　일（　　）

서로 다른 입장을 가진 두 명언을 읽고, 여러분의 생각을 펼쳐보세요.

여러분이 동의하는 명언을 필사해 보세요.

| DAY 05 | 일관성 지키기 VS 상상력 발휘하기 |

"
성공은 항상 위대함에
관한 것이 아니다.
일관성에 관한 것이다.
꾸준한 노력이
성공으로 이어진다.
위대함이 올 것이다.

| 드웨인 존슨, 프로레슬링 선수 |

"
일관성은 상상력 없는
사람들의 마지막 피난처다.

| 오스카 와일드, 아일랜드 극작가 |

| 20　　년　　월　　일 (　　) |

서로 다른 입장을 가진 두 명언을 읽고, 여러분의 생각을 펼쳐보세요.

여러분이 동의하는 명언을 필사해 보세요.

| DAY 06　　　자유에 신중한 편 VS 자유에 끌리는 편 |

 VS

❝
자유는 책임이다. 그래서
대부분의 사람은 자유를
두려워한다.

| 조지 버나드 쇼, 아일랜드 극작가 |

❝
나는 평화로운 노예로 사느니,
차라리 위험천만한
자유를 택하겠다.

| 토머스 제퍼슨, 미국 정치인 |

| 20　　년　　월　　일 (　　) |

서로 다른 입장을 가진 두 명언을 읽고, 여러분의 생각을 펼쳐보세요.

여러분이 동의하는 명언을 필사해 보세요.

DAY 07　　　　　　겸손하기 VS 자부심 갖기

"
재능은 아무것도 의미하지 않는다. 겸손과 근면함으로 얻은 경험은 모든 것을 의미한다.

| 파트리크 쥐스킨트, 독일 소설가 |

"
겸손은 평범한 사람들에게는 한갓 성실이지만, 위대한 재능의 소유자인 사람에게는 위선이다.

| 윌리엄 셰익스피어, 잉글랜드 극작가 |

20   년   월   일 (   )

서로 다른 입장을 가진 두 명언을 읽고, 여러분의 생각을 펼쳐보세요.

여러분이 동의하는 명언을 필사해 보세요.

| DAY 08 | 신속하기 VS 신중하기 |

❝ 우유부단이야말로 성공을 가로막는 최대의 적이며 성공하는 사람들은 신속한 결단력의 소유자이다. | 나폴레온 힐, 성공학 연구자 |

❝ 신중하지 않으면 찾아온 기회를 놓치기 일쑤이다. | 퍼블릴리어스 사이러스, 고대 로마 작가 |

20   년   월   일 (   )

서로 다른 입장을 가진 두 명언을 읽고, 여러분의 생각을 펼쳐보세요.

여러분이 동의하는 명언을 필사해 보세요.

| DAY 09　　　　욕망 추구 VS 의미 추구 |

> 왜 굳이 의미를 찾으려 하는가?
> 인생은 욕망이지, 의미가 아니다.

| 찰리 채플린, 영국 코미디언 |

VS

> 어떠한 경우라도
> 인생에는 의미가 있다.

| 빅터 프랭클, 로고테라피 창시자 |

| 20　　년　　월　　일 (　　) |

서로 다른 입장을 가진 두 명언을 읽고, 여러분의 생각을 펼쳐보세요.

여러분이 동의하는 명언을 필사해 보세요.

| DAY 10 | 우연에 맡기기 VS 스스로 선택하기 |

> **❝**
> 우연은 항상 강력하다.
> 항상 낚싯바늘을 던져놔라.
> 전혀 기대치 않은 곳에
> 물고기가 있을 것이다.
>
> | 오비디우스, 고대 로마 시인 |

VS

> **❝**
> 운명은 우연이 아닌 선택이다.
> 기다리는 것이 아니라
> 성취하는 것이다.
>
> | 윌리엄 제닝스 브라이언,
> 미국 정치인 |

| 20 | 년 | 월 | 일 (|) |

서로 다른 입장을 가진 두 명언을 읽고, 여러분의 생각을 펼쳐보세요.

여러분이 동의하는 명언을 필사해 보세요.

| DAY 11 | 앎을 경계하기 VS 앎을 추구하기 |

> 우리가 잘못된 길에 빠지는 건 뭔가를 몰라서가 아니라 안다고 확신하기 때문이다.
>
> | 마크 트웨인, 미국 소설가 |

> 지식이 문제를 일으킨다 해도, 우리가 무지로써 문제를 해결할 수 있는 건 아니다.
>
> | 아이작 아시모프, SF 작가 |

| 20　　년　　월　　일 (　　) |

서로 다른 입장을 가진 두 명언을 읽고, 여러분의 생각을 펼쳐보세요.

여러분이 동의하는 명언을 필사해 보세요.

| DAY 12 | 불굴의 의지 갖기 VS 현명하게 손절하기 |

❝ 도전에 성공하는 비결은 단 하나, 결단코 포기하지 않는 일이다. | 디오도어 루빈, 정신분석가 |

VS

❝ 행복의 비결은 포기해야 할 것을 포기하는 것이다. | 앤드류 카네기, 미국 기업인 |

| 20 년 월 일 ( ) |

서로 다른 입장을 가진 두 명언을 읽고, 여러분의 생각을 펼쳐보세요.

여러분이 동의하는 명언을 필사해 보세요.

DAY 13 과거에서 배우기 VS 과거에서 멀어지기

"
과거를 기억 못하는 이들은
과거를 반복하기 마련이다.

| 조지 산타야나, 미국 철학자 |

"
과거와 멀어질수록
내 성격을 형성하는 데
더 가까워진다.

| 이자벨 에버하트, 스위스 탐험가 |

20   년   월   일 (   )

서로 다른 입장을 가진 두 명언을 읽고, 여러분의 생각을 펼쳐보세요.

여러분이 동의하는 명언을 필사해 보세요.

| DAY 14 | 기다리기 VS 행동하기 |

> 슬픔은 시간의 날개와
> 함께 멀리 날아가게 될 것이다.

| 장 드 라 퐁텐, 프랑스 시인 |

> 슬픔의 유일한 치료제는 행동이다.

| 조지 헨리 루이스, 영국 철학자 |

20　　년　　월　　일 (　　)

서로 다른 입장을 가진 두 명언을 읽고, 여러분의 생각을 펼쳐보세요.

여러분이 동의하는 명언을 필사해 보세요.

| DAY 15 | 상상은 무한한 가능성 VS 상상은 끝없는 걱정 |

> 66
> 논리는 당신을
> A에서 B로 이끌 것이다.
> 그러나 상상력은 당신을
> 어느 곳이든 데려가 줄 수
> 있을 것이다.
>
> | 알베르트 아인슈타인,
> 이론 물리학자 |

> 66
> 우리는 현실보다 상상에서
> 더 큰 고통을 겪는다.
>
> | 루키우스 안나이우스 세네카,
> 고대 로마 정치인 |

20   년   월   일 (   )

서로 다른 입장을 가진 두 명언을 읽고, 여러분의 생각을 펼쳐보세요.

여러분이 동의하는 명언을 필사해 보세요.

DAY 16　　　J형 인간으로 살기 VS P형 인간으로 살기

"
좋은 계획을 수립하는 것이야말로
좋은 결과를 낳는 지름길이다.

| 고바야시 마사키, 일본 영화 감독 |

"
항상 계획이 필요한 것은 아니다.
가끔은 그저 숨을 쉬고, 믿고,
놓아주고, 무슨 일이 일어나는지
지켜볼 필요가 있다.

| 맨디 헤일, 미국 작가 |

20   년   월   일 (   )

서로 다른 입장을 가진 두 명언을 읽고, 여러분의 생각을 펼쳐보세요.

여러분이 동의하는 명언을 필사해 보세요.

| DAY 17　　　친구랑 행복하기 VS 혼자서 행복하기 |

> 친구는 기쁨을 두 배로 만들고
> 슬픔을 반으로 줄인다.

| 프리드리히 실러, 근대 철학자 |

> 행복해지려면, 다른 사람들과
> 지나치게 관계하지 말아야 한다.

| 알베르 카뮈, 프랑스 소설가 |

| 20　　년　　월　　일 (　　) |

서로 다른 입장을 가진 두 명언을 읽고, 여러분의 생각을 펼쳐보세요.

여러분이 동의하는 명언을 필사해 보세요.

| DAY 18 | 나이와 연륜은 비례 VS 나이와 연륜은 별개 |

 VS

> **❝**
> 사람이 좀 더 관대해지기
> 위해서는 나이를 먹으면 된다.
> 다른 사람들이 저지르는 잘못은
> 과거에 내가 저질렀던 잘못과
> 똑같은 것들이기에.
>
> | 요한 볼프강 폰 괴테, 독일 작가 |

> **❝**
> 나이를 먹었다고 해서
> 현명해지는 것은 아니다.
> 조심성이 많아질 뿐이다.
>
> | 어니스트 헤밍웨이, 미국 소설가 |

20   년   월   일 (   )

서로 다른 입장을 가진 두 명언을 읽고, 여러분의 생각을 펼쳐보세요.

여러분이 동의하는 명언을 필사해 보세요.

| DAY 19 | 가족이 전부 VS 가족이 원수 |

VS

❝
가정이야말로 고달픈 인생의
안식처요, 모든 싸움이 자취를
감추고 사랑이 싹트는 곳이요,
큰 사람이 작아지고
작은 사람이 커지는 곳이다.

| 허버트 조지 웰스, SF 작가 |

❝
사람들은 피가 물보다 진하다고
말하지. 아마 그렇기 때문에
남에게 쏟는 것보다도
더 많은 에너지와 열정으로
가족과 싸우는 걸 거야.

| 데이비드 아셀, 영화 프로듀서 |

| 20 | 년 | 월 | 일 (|) |

서로 다른 입장을 가진 두 명언을 읽고, 여러분의 생각을 펼쳐보세요.

여러분이 동의하는 명언을 필사해 보세요.

| DAY 20 | 성공 지향 VS 과정 지향 |

> 도중에 포기하지 말라.
> 망설이지 말라. 최후의
> 성공을 거둘 때까지 밀고 나가자.

| 헨리 포드, 미국 기업인 |

> 중요한 것은 목표를 이루는
> 것이 아니라 그 과정에서 무엇을
> 배우며, 얼마나 성장했느냐이다.

| 앤드류 매튜스, 자기계발 작가 |

| 20 | 년 | 월 | 일 (|) |

서로 다른 입장을 가진 두 명언을 읽고, 여러분의 생각을 펼쳐보세요.

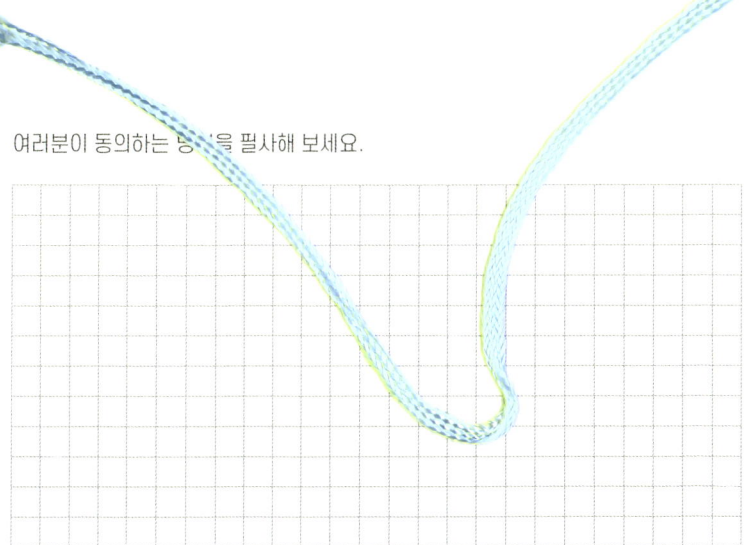

여러분이 동의하는 명언을 필사해 보세요.

DAY 21   둥글게 살기 VS 뾰족하게 살기

> 적을 만들지 마라.
> 좁은 길에서 만나면
> 피할 곳이 없다.
>
> | 명심보감 |

~~~ VS ~~~

> 적이 있는가? 괜찮다.
> 그건 당신이 살면서
> 뭔가를 옹호했다는 것이다.
>
> | 윈스턴 처칠, 영국 정치인 |

| 20   년   월   일 (   ) |

서로 다른 입장을 가진 두 명언을 읽고, 여러분의 생각을 펼쳐보세요.

여러분이 동의하는 명언을 필사해 보세요.

| DAY 22 | 돈 없이는 못 살아 VS 죄 짓고는 못 살아 |

> **❝**
> 사람을 상처 입히는 것이
> 세 개 있다. 번민, 말다툼,
> 텅 빈 지갑. 그중에서
> 텅 빈 지갑이 가장 크게
> 사람을 상처 입힌다.

| 탈무드 |

> **❝**
> 돈을 버는 데 그릇된 방법을
> 썼다면, 그만큼 그 마음속에는
> 상처가 나 있을 것이다.

| 빌리 그레이엄, 미국 목사 |

20   년   월   일 (   )

서로 다른 입장을 가진 두 명언을 읽고, 여러분의 생각을 펼쳐보세요.

여러분이 동의하는 명언을 필사해 보세요.

| DAY 23 | 목표에 집중하기 VS 주변을 살피기 |

❝ 목표란 우리들이 계속 앞으로 나아가도록 해주는 것이다. | 앤드류 매튜스, 자기계발 작가 |

❝ 명확한 목표는 말의 곁눈 가리개처럼 목표를 가진 이의 시야를 좁게 하기 마련이다.
| 로버트 프로스트, 미국 시인 |

| 20　　년　　월　　일 (　　) |

서로 다른 입장을 가진 두 명언을 읽고, 여러분의 생각을 펼쳐보세요.

여러분이 동의하는 명언을 필사해 보세요.

| DAY 24 | 한 가지 반복 VS 만 가지 시도 |

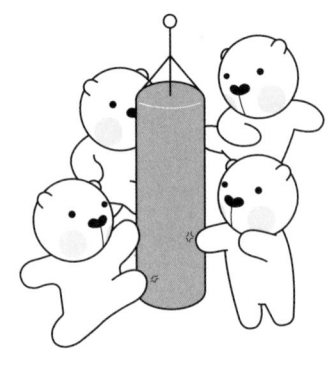

> 나는 1만 가지 발차기를 연습한
> 상대를 두려워하지 않는다.
> 내가 두려운 건, 한 가지 발차기를
> 1만 번 반복 연습한 상대를
> 만나는 것이다.
>
> | 브루스 리, 무술 배우 |

> 인생은 하나의 실험이다.
> 실험이 많아질수록 당신은
> 좋은 사람이 된다.
>
> | 랄프 왈도 에머슨, 미국 시인 |

| 20   년   월   일 (   ) |

서로 다른 입장을 가진 두 명언을 읽고, 여러분의 생각을 펼쳐보세요.

여러분이 동의하는 명언을 필사해 보세요.

| DAY 25   남 말에 경청하기 VS 내 멋대로 행동하기 |

> **❝**
> 내가 아는 성공한 사람 대부분은
> 말하기보다 듣기를
> 많이 하는 이들이다.
>
> | 버나드 맨스 바루크, 미국 재정가 |

> **❝**
> 내가 성공한 것은 최고의 조언에
> 진심으로 귀 기울인 후
> 그에 얽매이지 않고
> 정반대를 행한 덕이다.
>
> | 길버트 키스 체스터턴, 영국 작가 |

| 20   년   월   일 (   ) |

서로 다른 입장을 가진 두 명언을 읽고, 여러분의 생각을 펼쳐보세요.

여러분이 동의하는 명언을 필사해 보세요.

| DAY 26 | 큰 것을 욕망하기 VS 작은 것에 만족하기 |

**주여, 제가 이룬 것보다
항상 더 많이 갈망하게 하소서.**

| 미켈란젤로 부오나로티,
이탈리아 조각가 |

**가장 적은 것으로도 만족하는
사람이 가장 부유한 사람이다.**

| 소크라테스, 고대 철학자 |

| 20　　년　　월　　일 (　　) |

서로 다른 입장을 가진 두 명언을 읽고, 여러분의 생각을 펼쳐보세요.

여러분이 동의하는 명언을 필사해 보세요.

| DAY 27 | 개미처럼 살기 VS 베짱이처럼 살기 |

VS

"
절대 허송세월하지 마라.
책을 읽든지, 쓰든지, 기도를
하든지, 명상을 하든지,
또는 공익을 위해 노력하든지,
항상 뭔가를 해라.

| 토마스 아 켐피스,
독일 신비 사상가 |

"
즐기면서 소비한 시간은
낭비한 시간이 아니다.

| 마르트 트롤리 커틴, 영국 작가 |

| 20　　년　　월　　일 (　　) |

서로 다른 입장을 가진 두 명언을 읽고, 여러분의 생각을 펼쳐보세요.

여러분이 동의하는 명언을 필사해 보세요.

DAY 28 정직해야 행복 VS 정직하면 손해

❝
오래가는 행복은
정직한 것 속에서만
발견할 수 있다.

| 게오르크 크리스토프 리히텐베르크,
독일 물리학자 |

❝
가난뱅이로 남는 가장 확실한
방법은 정직한 사람으로
일관하는 것이다.

| 나폴레옹 보나파르트,
프랑스 군인 |

| 20 년   월   일 (   ) |

서로 다른 입장을 가진 두 명언을 읽고, 여러분의 생각을 펼쳐보세요.

여러분이 동의하는 명언을 필사해 보세요.

| DAY 29 | 선의를 믿기 VS 무엇이든 의심하기 |

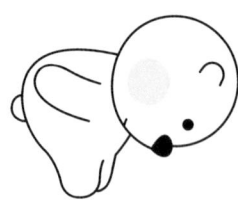

> **❝**
> 감사함을 표현하는 마음은
> 선을 베푸는 마음만큼이나
> 아름다운 것이다.
>
> | 루키우스 안나이우스 세네카,
> 고대 로마 정치인 |

> **❝**
> 감사는 또 다른 호의를 바라는
> 마음의 표현일 뿐이다.
>
> | 프랑수아 드 라 로슈푸코,
> 프랑스 작가 |

| 20 | 년 | 월 | 일 (|) |

서로 다른 입장을 가진 두 명언을 읽고, 여러분의 생각을 펼쳐보세요.

여러분이 동의하는 명언을 필사해 보세요.

| DAY 30 | 행복을 추구하기 VS 행복에 초연하기 |

> 행복해지기 위해서는
> 가끔 위험을 감수할 필요가 있다.
> 그러다가 상처를 입을 수도
> 있다는 것 역시 사실이다.
>
> | 멕 캐봇, 미국 소설가 |

> 행복의 추구는 가장 어리석은
> 말이다. 행복을 추구하면 절대
> 행복을 찾지 못할 것이다.
>
> | 찰스 퍼시 스노우,
> 잉글랜드 물리학자 |

| 20　　년　　월　　일 (　　) |

서로 다른 입장을 가진 두 명언을 읽고, 여러분의 생각을 펼쳐보세요.

여러분이 동의하는 명언을 필사해 보세요.

DAY 31 최선보다는 성공 VS 성공보다는 최선

 VS

> **❝**
> 최선을 다하고 있다라고
> 말해봤자 소용없다.
> 필요한 일을 함에 있어서는
> 반드시 성공해야 한다.

| 윈스턴 처칠, 영국 정치인 |

> **❝**
> 신은 우리가 성공할 것을
> 요구하지 않는다.
> 우리가 노력할 것을
> 요구할 뿐이다.

| 마더 테레사, 가톨릭 수녀 |

| 20   년   월   일 (   ) |

서로 다른 입장을 가진 두 명언을 읽고, 여러분의 생각을 펼쳐보세요.

여러분이 동의하는 명언을 필사해 보세요.

| DAY 32 | 아는 것이 힘 VS 상상력이 힘 |

> 지식에 투자하는 것은
> 항상 최고의 이자를 지불한다.

| 벤자민 프랭클린, 미국 정치인 |

> 지식보다 중요한 것은 상상력이다.

| 알베르트 아인슈타인,
이론 물리학자 |

20　년　월　일 (　)

서로 다른 입장을 가진 두 명언을 읽고, 여러분의 생각을 펼쳐보세요.

여러분이 동의하는 명언을 필사해 보세요.

| DAY 33　　　　좋은 사람 만나기 VS 좋은 사람 되기 |

> 행복한 결혼의 비밀은
> 올바른 상대방을 만나는 것이다.
> 항상 함께 있고 싶은 사람이 있다면
> 그 사람이 바로 올바른 사람이다.

| 줄리아 차일드, 요리 연구가 |

> 결혼에서의 성공이란,
> 단순히 올바른 상대를 찾음으로써
> 오는 게 아니라 올바른 상대가
> 됨으로써 온다.

| 요제프 안톤 브리크너,
오스트리아 작곡가 |

20   년   월   일 (   )

서로 다른 입장을 가진 두 명언을 읽고, 여러분의 생각을 펼쳐보세요.

여러분이 동의하는 명언을 필사해 보세요.

| DAY 34　　　가능한 것부터 하기 VS 불가능에 도전하기 |

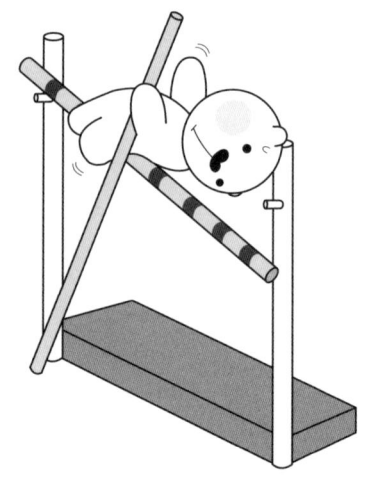

나는 넘지도 못할 7피트 장대를
넘으려고 애쓰지 않는다.
나는 쉽게 넘을 수 있는 1피트
장대를 주위에서 찾아본다.

| 워런 버핏, 주식 투자자 |

VS

할 수 없을 것 같은 일을 하라.
실패하라. 그리고 다시 도전하라.
이번에는 더 잘해보라.
넘어져 본 적이 없는 사람은
단지 위험을 감수해 본 적이
없는 사람일 뿐이다.

| 오프라 윈프리, 미국 방송인 |

| 20   년   월   일 (   ) |

서로 다른 입장을 가진 두 명언을 읽고, 여러분의 생각을 펼쳐보세요.

여러분이 동의하는 명언을 필사해 보세요.

DAY 35　　침묵은 금 VS 침묵은 독

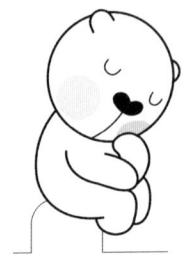

"
가장 심오한 발언은 종종
침묵 속에 나오는 경우가 많다.

| 린 존스턴, 캐나다 만화가 |

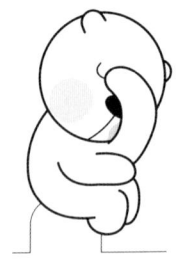

"
가장 잔인한 거짓말은
흔히 침묵 속에서 이루어진다.

| 로버트 루이스 스티븐슨,
스코틀랜드 소설가 |

20   년   월   일 (   )

서로 다른 입장을 가진 두 명언을 읽고, 여러분의 생각을 펼쳐보세요.

여러분이 동의하는 명언을 필사해 보세요.

| DAY 36 | 선천적 재능 VS 후천적 노력 |

> 타고난 능력 없이 교육만 받은 이보다, 교육받지 않았으나 타고난 능력이 있는 이가 영예와 미덕을 얻은 경우가 더 흔하다.

| 마르쿠스 툴리우스 키케로, 고대 로마 작가 |

> 어려운 직업에서 성공하려면 자신을 굳게 믿어야 한다. 이것이 탁월한 재능을 지닌 사람보다 재능은 평범하지만 강한 투지를 가진 사람이 훨씬 더 성공하는 이유다.

| 소피아 로렌, 이탈리아 배우 |

20   년   월   일 (   )

서로 다른 입장을 가진 두 명언을 읽고, 여러분의 생각을 펼쳐보세요.

여러분이 동의하는 명언을 필사해 보세요.

| DAY 37 | 모두에게 친절하기 VS 모두를 싫어하기 |

66
친절하라. 우리가 만나는 사람은
모두 힘든 싸움을 하고 있다.

| 플라톤, 고대 철학자 |

66
나는 모든 편견으로부터 자유롭다.
나는 모든 사람을
동일하게 싫어한다.

| W.C. 필즈, 미국 코미디언 |

20   년   월   일 (   )

서로 다른 입장을 가진 두 명언을 읽고, 여러분의 생각을 펼쳐보세요.

여러분이 동의하는 명언을 필사해 보세요.

| DAY 38 | 가난함은 죄 VS 부유함은 죄 |

> 가난하게 태어난 것은
> 당신의 잘못이 아니다.
> 그러나 가난하게 죽는 것은
> 당신 잘못이다.

| 빌 게이츠, 미국 기업인 |

> 부자들이란 가난한 사람들의
> 노동으로 배부르게 먹고
> 고급 옷을 입고
> 사치스럽게 살아가는
> 사람들일 따름이다.

| 레프 톨스토이, 러시아 소설가 |

| 20   년   월   일 (   ) |

서로 다른 입장을 가진 두 명언을 읽고, 여러분의 생각을 펼쳐보세요.

여러분이 동의하는 명언을 필사해 보세요.

| DAY 39 | 미래는 나 하기 나름 VS 미래는 아무도 모름 |

VS

> 미래는 현재 우리가
> 무엇을 하는가에 달려 있다.

| 마하트마 간디, 인도 독립운동가 |

> 우리는 오늘은 이러고 있지만,
> 내일은 어떻게 될지 누가 아는가?

| 윌리엄 셰익스피어,
  잉글랜드 극작가 |

| 20 　년 　월 　일 (　) |

서로 다른 입장을 가진 두 명언을 읽고, 여러분의 생각을 펼쳐보세요.

여러분이 동의하는 명언을 필사해 보세요.

| DAY 40 | 일하는 게 제일 좋아 VS 노는 게 제일 좋아 |

> 일하는 자는 행복한 자요,
> 한가한 자는 불행한 자다.
>
> | 벤자민 프랭클린, 미국 정치인 |

> 한가함이란 아무것도
> 하는 일이 없다는 게 아니라
> 무엇이든 할 수 있는
> 여유가 생겼다는 뜻이다.
>
> | 플로이드 델, 미국 소설가 |

20   년   월   일 (   )

서로 다른 입장을 가진 두 명언을 읽고, 여러분의 생각을 펼쳐보세요.

여러분이 동의하는 명언을 필사해 보세요.

DAY 41　　　인간 되기 VS 부자 되기

> 자신이 많이 가지고 있다고 해서, 자신보다 훨씬 덜 가진 사람들에 대해 쉽게 말하는 사람만큼 우스꽝스러운 것은 없다.

| 제인 오스틴, 영국 소설가 |

~~~ VS ~~~

> 언젠가 나도 부자가 되고 싶다. 어떤 이들은 돈이 너무 많아서 인간에 대한 경외심을 모두 잃는다. 나도 그 정도로 부자가 되고 싶다.

| 리타 러드너, 미국 코미디언 |

| 20 년 월 일 ( ) |

서로 다른 입장을 가진 두 명언을 읽고, 여러분의 생각을 펼쳐보세요.

여러분이 동의하는 명언을 필사해 보세요.

| DAY 42 | 남 먼저 VS 나 먼저 |

> 오직 남을 위해 산 인생만이
> 가치 있는 것이다.
>
> | 알베르트 아인슈타인,
> 이론 물리학자 |

> 다른 사람을 위해 당신의 삶을
> 살 수는 없다. 사랑하는 사람에게
> 상처를 주더라도 당신에게
> 옳은 일을 해야 한다.
>
> | 니콜라스 스파크스, 미국 소설가 |

20   년   월   일 (   )

서로 다른 입장을 가진 두 명언을 읽고, 여러분의 생각을 펼쳐보세요.

여러분이 동의하는 명언을 필사해 보세요.

| DAY 43 | 낙관주의 VS 비관주의 |

VS

“
지속적인 긍정적 사고는
능력을 배가시킨다.

| 콜린 파월, 미국 정치인 |

“
긍정적 사고만큼 나를
우울하게 만드는 일은 없다.

| 폴 퍼셀, 미국 역사가 |

20   년   월   일 (   )

서로 다른 입장을 가진 두 명언을 읽고, 여러분의 생각을 펼쳐보세요.

여러분이 동의하는 명언을 필사해 보세요.

| DAY 44 | 나와 같은 친구 VS 나와 다른 친구 |

 **VS**

> 같은 것을 좋아하고
> 같은 것을 싫어하는 것이
> 바로 진정한 우정이다.

| 사루스티우스, 고대 로마 역사가 |

> 반대하는 것이야말로
> 진정한 우정이다.

| 윌리엄 블레이크, 영국 시인 |

20   년   월   일 (   )

서로 다른 입장을 가진 두 명언을 읽고, 여러분의 생각을 펼쳐보세요.

여러분이 동의하는 명언을 필사해 보세요.

| DAY 45 | 균형 지키기 VS 끝장 보기 |

❝ 극단은 부도덕한 것이다. 그건 사람으로부터 발생한다. 모든 균형은 옳다. 그것은 신으로부터 오는 것이므로. | 장 드 라 브뤼예르, 프랑스 작가 |

❝ 워라밸 같은 것은 세상에 존재하지 않는다. 쟁취할 가치가 있는 모든 것은 당신의 인생을 불균형하게 만들기 마련이다. | 알랭 드 보통, 스위스 작가 |

| 20 　 년 　 월 　 일 (　) |

서로 다른 입장을 가진 두 명언을 읽고, 여러분의 생각을 펼쳐보세요.

여러분이 동의하는 명언을 필사해 보세요.

| DAY 46 | 결혼은 잘한 일 VS 결혼은 미친 짓 |

> **"**
> 나도 한 번밖에 결혼한 적이 없어서 자세한 것은 잘 모르지만, 결혼이라는 것은 좋을 때는 아주 좋습니다. 별로 좋지 않을 때 나는 늘 뭔가 딴생각을 떠올리려 합니다. 그렇지만 좋을 때는 아주 좋습니다. 좋을 때가 많기를 기원합니다. 행복하세요.

| 무라카미 하루키, 일본 소설가 |

> **"**
> 결혼이란 혼자 살았으면 있지도 않았을 문제들을, 둘이서 함께 고민하려는 시도이다.

| 에디 캔터, 미국 배우 |

| 20　년　월　일 (　　) |

서로 다른 입장을 가진 두 명언을 읽고, 여러분의 생각을 펼쳐보세요.

여러분이 동의하는 명언을 필사해 보세요.

DAY 47　　　성선설 VS 성악설

VS

> 어린이는 신이 인간에 대하여
> 절망하지 않고 있다는 것을
> 보여주기 위해
> 이 땅에 보낸 사신이다.

| 라빈드라나트 타고르, 인도 시인 |

> 어린아이는 완전히 이기적인
> 존재이다. 그들은 욕구를
> 강하게 느끼고 그 욕구를
> 충족시키기 위해 무자비할
> 정도로 분투한다.

| 지그문트 프로이트, 정신분석가 |

20   년   월   일 (   )

서로 다른 입장을 가진 두 명언을 읽고, 여러분의 생각을 펼쳐보세요.

여러분이 동의하는 명언을 필사해 보세요.

DAY 48　　유종의 미 VS 시작이 반

> **중요한 건 당신이 어떻게 시작했는가가 아니라 어떻게 끝내는가이다.**
>
> | 앤드류 매튜스, 자기계발 작가 |

VS

> **시작하라. 그 자체가 천재성이고 힘이며 마력이다.**
>
> | 요한 볼프강 폰 괴테, 독일 작가 |

20   년   월   일 (   )

서로 다른 입장을 가진 두 명언을 읽고, 여러분의 생각을 펼쳐보세요.

여러분이 동의하는 명언을 필사해 보세요.

DAY 49　　사랑할래 VS 사랑 안 해

> 춤춰라, 아무도 바라보고
> 있지 않은 것처럼. 사랑해라,
> 영원히 상처 받지 않을 것처럼.
> 노래해라, 아무도 듣고 있지
> 않은 것처럼. 살아라,
> 이곳이 지상 낙원인 것처럼.

| 윌리엄 퍼키, 미국 작가 |

> 당신은 사랑을 해본 적이 있습니까?
> 끔찍하지 않나요? 그것은 당신을
> 매우 취약하게 만듭니다.
> 당신의 가슴을 열고 당신의 마음을
> 열어줍니다. 그리고 그것은 누군가가
> 당신의 안으로 들어가 당신을
> 망칠 수 있다는 것을 의미합니다.

| 닐 게이먼, 그래픽 노블 작가 |

20   년   월   일 (   )

서로 다른 입장을 가진 두 명언을 읽고, 여러분의 생각을 펼쳐보세요.

여러분이 동의하는 명언을 필사해 보세요.

| DAY 50 | 평판을 관리하기 VS 평판에 신경 끄기 |

> **❝**
> 사람들의 신뢰는 돈보다
> 더 가치 있다.
>
> | 카터 고드윈 우드슨, 미국 역사가 |

> **❝**
> 다른 사람의 눈으로
> 나를 판단하지 않는 데
> 오랜 시간이 걸렸다.
>
> | 샐리 마거릿 필드, 미국 배우 |

20 년   월   일 (   )

서로 다른 입장을 가진 두 명언을 읽고, 여러분의 생각을 펼쳐보세요.

여러분이 동의하는 명언을 필사해 보세요.

50일 리포트

DAY 01		DAY 02		DAY 03		DAY 04		DAY 05	
DAY 06		DAY 07		DAY 08		DAY 09		DAY 10	
DAY 11		DAY 12		DAY 13		DAY 14		DAY 15	
DAY 16		DAY 17		DAY 18		DAY 19		DAY 20	
DAY 21		DAY 22		DAY 23		DAY 24		DAY 25	
DAY 26		DAY 27		DAY 28		DAY 29		DAY 30	
DAY 31		DAY 32		DAY 33		DAY 34		DAY 35	
DAY 36		DAY 37		DAY 38		DAY 39		DAY 40	
DAY 41		DAY 42		DAY 43		DAY 44		DAY 45	
DAY 46		DAY 47		DAY 48		DAY 49		DAY 50	

파랑(____ 개)   빨강(____ 개)

파란색은 보편과 상식을 추구하는 안정적 성향

안정적 성향의 사람은 상대적으로 우리에게 익숙한 명언을 선택한 사람들입니다. 이들은 전통적인 가치를 소중히 여기고, 다수의 사람들이 가지고 있는 상식이나 생활 방식을 따르는 경향이 있습니다.

빨간색은 변화와 새로움을 추구하는 도전적 성향

도전적 성향의 사람은 상대적으로 우리에게 낯선 명언을 선택한 사람들입니다. 이들은 주체적인 가치를 소중히 여기고, 상식을 거스르는 역발상적 사고를 펼치는 경향이 있습니다.

NAME	
SNS	
FAVORITE SAYING	

**내 생각은 말이지 :
남의 말에 휘둘리지 않고 내 생각을 찾는 명언 필사**

초판 1쇄　　2023년 8월 1일
개정판 1쇄　2025년 4월 28일

기획자　　정재원
일러스트　숨숨
발행인　　안미선
발행처　　밤과낱말
출판등록　2020년 3월 25일 제2020-000030호
주소　　　서울시 종로구 충신4나길 5, 101호
email　　　nightnword@gmail.com
instagram　@nightnword
blog　　　 blog.naver.com/nightnword

ISBN 979-11-979110-3-3 (03190)
값 16,900원

이 책은 저작권법에 따라 보호를 받는 저작물이므로 무단전제와 복제를 금합니다.
이 책 내용의 전부 또는 일부를 사용하려면 반드시 저작권자의 동의를 받아야 합니다.

ⓒ밤과낱말, 2025. Printed in Korea